sinta este LIVRO

Dedico este livro aos colegas do meu grupo de estudos de **autoconhecimento**, o **Bney Nativ**.

Com vocês, a *jornada da vida* é muito mais **AGRADÁVEL!**

Camila Piva

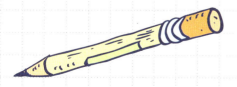

Dados Internacionais de Catalogação na Publicação (CIP) de acordo com ISBD

P693s   Piva, Camila

Sinta este livro / Camila Piva ; ilustrado por SHUTTERSTOCK. - Jandira, SP : Ciranda Cultural, 2019.
128 p. : il. ; 15,5 cm x 22,3 cm.

ISBN: 978-85-380-9156-1

1. Literatura infantil. 2. Autoconhecimento. 3. Eu. I. Shutter. II. Título.

CDD 028.5
CDU 82-93

2019-1395

Elaborado por Vagner Rodolfo da Silva - CRB-8/9410

Índice para catálogo sistemático:
1. Literatura infantil 028.5
2. Literatura infantil 82-93

© 2019 Ciranda Cultural Editora e Distribuidora Ltda.
Produção: Ciranda Cultural
Texto: © Camila Piva
Revisão: Equipe Ciranda Cultural
Ilustrações: Shutterstock.com

Créditos das ilustrações:
(Legenda: E=Esquerda; D=Direita; C=Centro; T=Topo; A=Abaixo; F=Fundo; B=Borda)
Shutterstock.com: CAPA: F=bosotochka; C=Very_Very; CDT=sntpzh; DT=knahthra; CET=knahthra; CET=Mjosedesign; ET=Very_Very; DA=Mjosedesign; CDA=Mjosedesign; CDA=knahthra; CE=Mjosedesign; CE=Earlymorningproject; CEA=AngryBrush; MIOLO: 1-128/F=Alice Dinh; 1-128/A=knahthra; 3=knahthra; 4=Mjosedesign; 5-9=knahthra; 9/F=AngryBrush; 10/T=Earlymorningproject; 10/C=knahthra; 10/AE=Aleks Melnik; 11/T=Yourbookkeeper; 11/C=Earlymorningproject/bioraven; 11/A=WindAwake; 12-15=knahthra, 15/T=teacept; 16-17=Yourbookkeeper, 16/E=WindAwake; 18/TC=teacept; 18/C=Mjosedesign; 19/C=knahthra; 20/T=knahthra; 20/C=OlgaChernyak; 22-23=knahthra, 22/EC=AngryBrush; 23/C=AngryBrush; 24/CA=knahthra; 25/C=sobinsergey84; 26=miniwide; 27=Olga Turkas; 27/CA=teacept; 28-29=Mjosedesign; 29/ET=knahthra; 29/DA=knahthra; 31=Pikovit; 32-33=knahthra; 34=sntpzh; 36/C=miniwide; 36/AD=knahthra; 37=knahthra; 38=eva_mask; 38/ET=teacept; 40-42=knahthra; 43/A=vectortatu; 44-45=knahthra; 45/ET=AngryBrush; 46/T=Mjosedesign; 47/T=teacept; 47/C=Ann.and.Pen; 48/CD=knahthra; 48/BE=lisako66; 50-51=knahthra; 52=magic pictures; 53-58/F=Sandra Hutter; 53, 55, 57/C=April_pie; 59-63=knahthra; 64-65=Mjosedesign; 65/A=teacept; 66=knahthra; 67=teacept; 68-69=Agor2012; 70-74=knahthra; 74/EC=Mjosedesign; 75=johavel; 78-79/C=Annykos; 79/CD=bioraven; 79/DA=knahthra; 80-81=knahthra; 80=Antonov Maxim; 81/A=Mjosedesign; 84=kateka; 85/T=teacept; 85/CE=Yourbookkeeper; 85/DA=Viktoria Yams; 86/F=Fedorov Oleksiy; 88-89=sntpzh; 90/ET-DB= GoodStudio; 90/DC-EA=knahthra; 91/ET=GoodStudio; 91/DC-EA=knahthra; 91/EC=teacept; 92/TC=knahthra; 92/AC=teacept; 94/F=Tintapix; 95/T=knahthra; 95/CD=Mjosedesign; 95/D=Tintapix; 96/C=knahthra; 96/DA=Mjosedesign; 97=Mjosedesign; 97/T=knahthra; 99=knahthra; 101=Mary Volvach; 102=roompoetliar; 103/C=knahthra, 104/TD=Mjosedesign; 105/DA=knahthra; 106=greeNovice; 107/T=knahthra; 108/D=Uncle Leo; 109=knahthra; 111/TD=knahthra; 111-112=knahthra; 113-117=knahthra; 116-117=Aleks Melnik; 116/T=teacept; 117/T=teacept; 118/E=Irina Ozherelyeva; 118/CD=teacept; 119=Anastasiia Garbar; 120-122=knahthra; 122/DA=Mjosedesign; 123=Mjosedesign; 124/T=Agor2012; 125/C=Yourbookkeeper; 125/A= knahthra; 126=Croisy; 128=TashaNatasha

1ª Edição em 2019
2ª Impressão em 2022
www.cirandacultural.com.br
Todos os direitos reservados. Nenhuma parte desta publicação pode ser reproduzida, arquivada em sistema de busca ou transmitida por qualquer meio, seja ele eletrônico, fotocópia, gravação ou outros, sem prévia autorização do detentor dos direitos, e não pode circular encadernada ou encapada de maneira distinta daquela em que foi publicada, ou sem que as mesmas condições sejam impostas aos compradores subsequentes.

○ **SINTA ESTE LIVRO** não é um livro para ler, mas para sentir! Nas páginas seguintes, você terá a oportunidade de praticar o **autoconhecimento**, **entender** mais sobre seus sentimentos e **questionar-se**.

Não se contente apenas com este livro. Procure incluir em sua vida atividades e práticas que levem você ao autoconhecimento, como ioga, aulas e leituras de filosofia, arteterapia, psicanálise, psicoterapia, meditação, auto-hipnose, danças circulares, conexão com a natureza, etc.

ENCONTRE SUA FORMA DE PRATICAR O AUTOCONHECIMENTO!

○ autoconhecimento é constante, pois cada fase da nossa vida revela uma faceta de nós mesmos. O importante não é conhecer-se por completo, mas hoje, neste momento presente, estar plen@ e consciente.

Camila Piva
Autora

Anote aqui ideias, práticas ou lugares para você ampliar seu autoconhecimento.

Sinta este livro com harmonia e leveza. Após finalizar as ações, **sele-o por 7 anos!** Depois desse período, responda às perguntas das páginas 126 e 127, e escreva a carta solicitada na página 128.

Compare seus sentimentos nesses períodos e crie uma ponte entre seu **eu de agora** e seu **eu do futuro**, e entre seu **eu do futuro** e seu **eu do passado**!

- Não faça com preguiça.

- Comece por onde quiser.

- Não sele o livro antes de terminar toda a "primeira rodada" de ações.

- Faça as ações das páginas 126, 127 e 128 somente daqui a 7 anos!

- Use a hashtag #sintaestelivro ao compartilhar suas atividades e reflexões nas redes sociais.

- Divirta-se!

Sumário

Que tal marcar com um **X** os **capítulos** que você já preencheu?

- ☐ **Gratidão** — 8
- ☐ **Raiva** — 10
- ☐ **Alegria** — 14
- ☐ **Ciúme** — 16
- ☐ **Tristeza** — 18
- ☐ **Amor** — 22
- ☐ **Ansiedade** — 24
- ☐ **Medo** — 28
- ☐ **Coragem** — 32
- ☐ **Vergonha** — 36
- ☐ **Esperança** — 38
- ☐ **Curiosidade** — 40
- ☐ **Desânimo** — 42
- ☐ **Empatia** — 44
- ☐ **Gentileza** — 46
- ☐ **Inferioridade** — 48
- ☐ **Inveja** — 50
- ☐ **Orgulho** — 52
- ☐ **Otimismo** — 60
- ☐ **Preguiça** — 63

- **Vontade** — 64
- **Resiliência** — 66
- **Saudade** — 68
- **Solidão** — 70
- **Timidez** — 74
- **Tolerância** — 76
- **Paciência** — 78
- **Amizade** — 80
- **Avareza** — 84
- **Prosperidade** — 88
- **Remorso** — 92
- **Persistência** — 94
- **Ousadia** — 96
- **Criatividade** — 98
- **Negatividade** — 100
- **Justiça** — 102
- **Ressignificação** — 104
- **Comprometimento** — 106
- **Paz** — 110
- **Bem-estar** — 111
- **Decepção** — 113
- **Sabedoria** — 118
- **Propósito** — 121
- **Sete anos depois...** — 125

Gratidão

Gratidão é um sentimento de **agradecimento** por tudo de bom que temos, que aconteceu ou está acontecendo em nossas vidas. A gratidão pode ser praticada todos os dias. Olhar as coisas de **forma positiva** nos faz ter atitudes também positivas! Agindo positivamente, você terá mais chances de atrair coisas boas na sua vida.

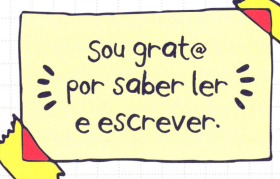

Sou grat@ por saber ler e escrever.

Sou grat@ por ter amigos.

Sou grat@ por assistir à minha SÉRIE FAVORITA.

Faça um pote de gratidão!

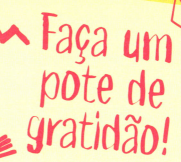

Pegue um pote qualquer, pode ser de vidro, plástico ou alumínio. Decore com fitas, adesivos e o que mais desejar.

Escreva em um papel um motivo pelo qual você agradece, dobre o papel e coloque-o no seu **pote de gratidão**. Pense em mais motivos para ser grat@, no mínimo 100, e encha o seu pote.

De vez em quando pegue o pote, abra-o e sinta a **felicidade** tomar conta do seu corpo, com muitos motivos para ser grat@!

Raiva

Sentir raiva não é nada prazeroso, mas é algo natural e humano. **Todo mundo sente raiva**. Temos esse sentimento quando não conseguimos algo que queremos, quando alguém nos provoca, quando perdemos algo etc. É muito importante saber usar a raiva a favor de si, sem partir para a violência ou autoviolência (quando tomamos **atitudes agressivas** contra nós mesmos e nos machucamos).

Escreva abaixo algumas palavras que vêm à sua cabeça quando o assunto é raiva.

BOOM!

O QUE FAZER QUANDO SENTIR RAIVA?

- **Respire!** Lembre-se de respirar cinco vezes, lenta e profundamente!
- Reflita se existe algo que você possa fazer para **mudar a situação**.

> MEU CACHORRO COMEU MEU TRABALHO DA ESCOLA.

Dá para fazer o trabalho novamente?

SIM

Então, pare de reclamar. Aceite, respire fundo e faça novamente o trabalho. Não adianta ficar reclamando; essa atitude só aumenta o ciclo da raiva.

NÃO

Então, pare de reclamar. Aceite, respire fundo e foque sua atenção em outras coisas. Não adianta ficar reclamando; essa atitude só aumenta o ciclo da raiva. "Aceita que dói menos!".

Escreva **cinco coisas** que deixam você com **muita raiva** ou acontecimentos que irritaram você nos últimos tempos.

BÔNUS

Quando você estiver irritad@ com algo, imagine uma **solução engraçada** que resolva o problema.

Exemplo: estou com raiva porque o cachorro comeu meu trabalho de História.

Solução engraçada: o cachorro ficou inteligente e agora dá aulas de História!

Escolha um dos cinco acontecimentos citados e descreva uma solução engraçada para ele.

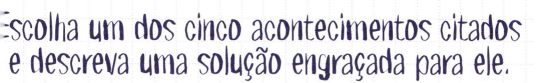

Alegria

O que deixa você **alegre**? Escreva na lista **dez dessas coisas** e **faça agora** uma delas.

1 ....

2 ....

3 ....

4 ....

5 ....

Copie a lista em alguma folha de papel, dê um título (exemplo: "Lista de coisas que me alegram") e "esqueça" essa lista em algum lugar... Você pode fazer mais de uma cópia, se quiser. Faça várias... E vá deixando por aí. Quem sabe assim você não inspira outras pessoas?

Ciúme

Você já sentiu ciúme?
- ☐ Sim
- ☐ Não
- ☐ Não sei
- ☐ Talvez
- ☐ Eu acredito em gnomos, sabia?

Pergunte o que é ciúme para **seis pessoas** diferentes. Depois, preencha os balões com o que elas responderam. Ah, não vale perguntar para o Google!

NOME:

RESPOSTA:

NOME:

RESPOSTA:

NOME:

RESPOSTA:

NOME:

RESPOSTA:

NOME:

RESPOSTA:

NOME:

RESPOSTA:

Tristeza

Não tem coisa mais triste que a tristeza!

O que deixa você triste? Escreva na lista ao lado **dez coisas** que **entristecem você**.
Copie a lista em alguma folha de papel, dê um título (exemplo: "Lista de coisas que me deixam triste") e "esqueça" essa lista em algum lugar...

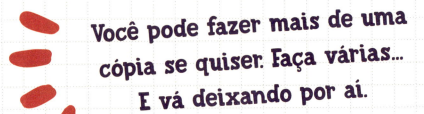

Você pode fazer mais de uma cópia se quiser. Faça várias... E vá deixando por aí.

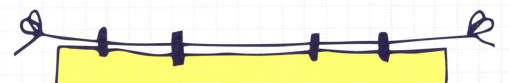

Você sabe o que é o Surrealismo?
É um movimento artístico e literário que surgiu na década de 1920. Esse movimento procura trazer para a arte as "loucas" manifestações dos sonhos e do inconsciente. Pesquise mais sobre a arte surrealista! E manifeste-se por meio dela.

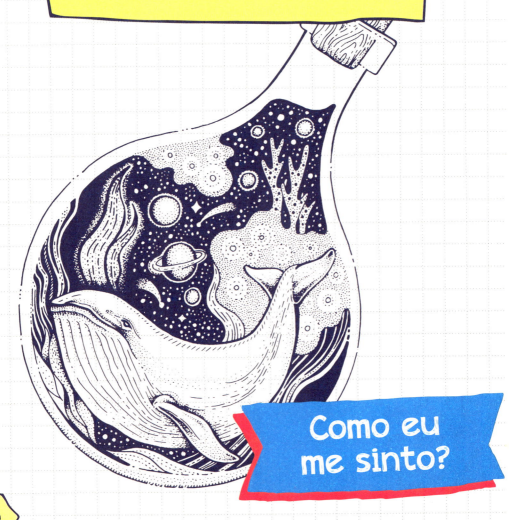

Como eu me sinto?

Faça uma **colagem surrealista** que represente seu **sentimento**.

Segundo o dicionário *Houaiss*, o amor é:

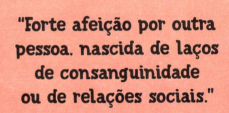

"Forte afeição por outra pessoa, nascida de laços de consanguinidade ou de relações sociais."

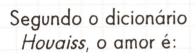

Embora muitas pessoas tentem explicar o que é o amor e até mesmo dividi-lo em categorias, nós sabemos quando o sentimos, não é mesmo?

"SE VOCÊ QUER SER AMADO, AME." Sêneca

Escreva aqui nomes de pessoas que **você** ama.

Você já disse **"EU TE AMO"** para elas?

Diga sempre que sentir vontade.

Ansiedade

A ansiedade é uma sensação de falta de paciência que nos deixa **inquiet@s**. É aquela sensação de **querer que algo aconteça logo**.

O QUE VOCÊ QUER QUE ACONTEÇA LOGO?

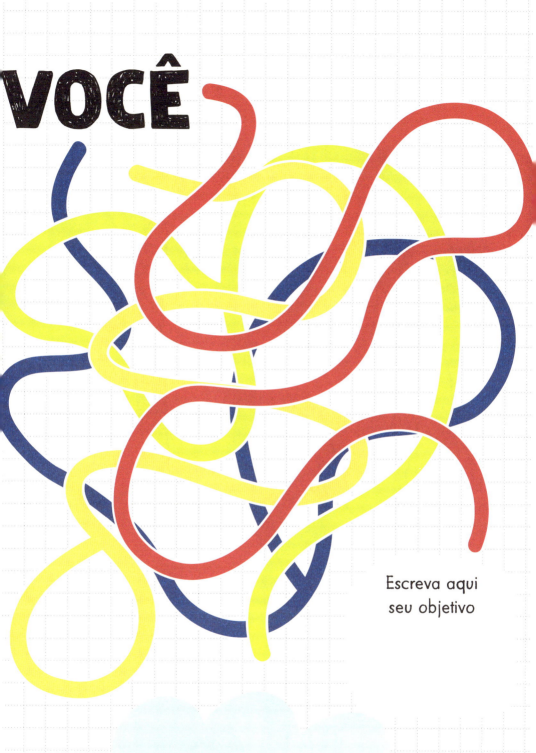

VOCÊ

Escreva aqui seu objetivo

Tudo tem seu processo, *seu tempo* para acontecer.

Medo

Conhecer os nossos medos é importante. Ter **CONSCIÊNCIA** deles nos ajuda a **ESTAR NO COMANDO**, e só assim poderemos usar esse sentimento para coisas que nos fazem bem.

Sem medo, **não sobreviveríamos!**

O medo nos PROTEGE.

Faça aqui uma **colagem** (ou um desenho) que represente uma cena que lhe cause **medo**. Depois, pergunte para três pessoas o que elas sentem ao ver a sua **arte**.

"A **CORAGEM** é A MAIS **ALTA** DAS **QUALIDADES** humanas,  pois é a **QUALIDADE** que garante as **outras**."

— Aristóteles

Coragem

Coragem não é o contrário de medo.
Ter coragem é ter capacidade
de **enfrentar os medos**.

Escreva aqui uma coragem que você gostaria de ter:

"O mundo **ESTÁ NAS MÃOS** daqueles que têm **CORAGEM** de **SONHAR E CORRER O RISCO DE VIVER SEUS sonhos.**"

— Paulo Coelho

Vergonha

Podemos ter vergonha após fazermos ou pensarmos em coisas que **não admiramos**. Também sentimos vergonha quando fazemos algo que **outros não aprovam** – ou que nós mesmos não aprovamos – e somos **descobertos**. Quando isso acontecer, pense melhor nas suas **atitudes** e, da próxima vez, tente **fazer** ou **pensar diferente**.

Relembre alguma passagem da sua vida em que você fez algo e depois sentiu vergonha. Reescreva a cena alterando a situação, de modo que você não tenha se sentido envergonhad@.

Caso fique com vergonha de escrever aqui, escreva em outro papel, leia-o e jogue-o no lixo. Feito isso, volte para esta página e desenhe um guarda-chuva no espaço acima.

Esperança

Esperança é confiar que algo bom vai acontecer.

É um sentimento que nos motiva a **seguir em frente.**

Faça uma **colagem**, uma obra de arte que represente a **esperança**. Se preferir, você pode desenhar ou escrever um poema sobre esse sentimento.

Curiosidade

Seja curios@! A curiosidade nos faz ir **além**. Pesquise na internet, em livros, ou pergunte para alguém um **fato histórico**, do seu país ou do mundo, sobre o qual você sabe pouco e escreva abaixo.

Exemplo: por que aconteceu a Primeira Guerra Mundial?

Qual fato você escolheu para pesquisar?

"Eu não tenho nenhum **TALENTO ESPECIAL.** SOU APENAS *apaixonadamente* **CURIOSO.**"

— Albert Einstein

Desânimo

O desânimo acontece por vários motivos: medo, insegurança, preguiça, falta de paciência... Esse sentimento não permite que **sigamos adiante** em algo. Por outro lado, também temos as coisas que nos motivam. Preencha as listas abaixo com as coisas que **motivam** e as que **desanimam** você.

COISAS QUE ME...

... motivam | ... desanimam

Você sabia que a palavra "ânimo" vem de **alma**?
E que o desânimo seria algo como "estar sem alma", "sem movimento", com a **"chama apagada"**?
Desenhe a chama desta vela. **Dê vida** a este desenho.
Deixe-o colorido, **radiante** e com movimento.

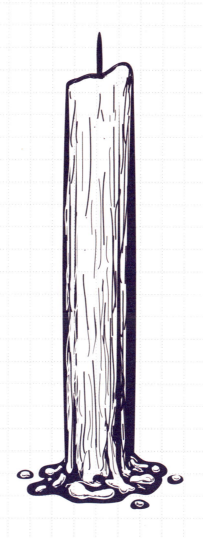

Empatia

Tentar **compreender** emoções e sentimentos colocando-se **no lugar do outro** é empatia. Hoje você vai fazer um exercício de empatia. Tente se lembrar de uma personagem que sofreu em um filme ou em uma animação. **Por exemplo**: quando a Branca de Neve teve de fugir para a floresta e esconder-se da rainha má.

Feche os olhos e tente colocar-se no lugar da Branca de Neve. O que ela sentiu? Qual era o medo dela? Ela teve coragem? O que ela estava pensando?

Agora, faça uma carta como se você fosse essa personagem escrevendo para uma amiga ou um amigo. Conte como se sentiu e o que precisou fazer na situação apresentada acima.

Personagem:

Gentileza

Como disse o Profeta Gentileza*, "GENTILEZA GERA GENTILEZA"! E é verdade.

Receber uma gentileza e ser gentil com os outros geram sentimentos muito agradáveis que nos tornam mais humanos e amáveis.

A gentileza pode ser praticada em **atos simples** do nosso dia a dia.
Por exemplo: cumprimentar as pessoas, **elogiar** os outros sempre que possível, **auxiliar** alguém que esteja precisando, espalhar mensagens de **apoio** etc. Hoje você prestará mais atenção no seu dia e verá quantas **oportunidades** você tem de ser gentil. **Pratique** a gentileza todos os dias.

*José Datrino, conhecido como Profeta Gentileza, tornou-se conhecido por fazer inscrições peculiares nas pilastras do Viaduto do Gasômetro, no Rio de Janeiro, exaltando, entre outras coisas, a importância de ser gentil.

Pergunte-se: onde e como posso ser gentil?

Escreva nas pétalas da flor.

Inferioridade

Você já se sentiu inferior a alguém? Como foi isso para você? **NINGUÉM CONSEGUE SER BOM EM TUDO**. Todo mundo tem **pontos negativos**, e não há problema nenhum nisso. O importante é **reconhecer** que NINGUÉM é perfeito. Que tal olharmos para nossas **qualidades**?

Escreva dentro dos espelhos as coisas de que você **mais gosta** em você mesm@ (em sua personalidade, aparência... o que quiser).

Agora, liste seus pontos negativos.

Lembre-se: está tudo bem não ser perfeito.

Inveja

Quem nunca sentiu? Se você não vivenciou isso, vai vivenciar um dia. A inveja é um **sentimento natural**, mas o que você faz com ela é outro assunto! Ela sempre foi vista como algo feio, negativo. É quase um tabu! Mas aqui nós vamos **"sair da caixinha"** e enxergar o **ponto positivo** da inveja!

Você é invejado por alguém?

( ) SIM
( ) NÃO
( ) NÃO SEI

O que você tem que pode ser invejado?

Você já sentiu ou sente inveja?

( ) SIM
( ) NÃO
( ) NÃO SEI

O que você inveja ou poderia invejar?

Se você reparar bem, a inveja é um **sinalizador**! Sim, um sinalizador de autoconhecimento. Quando invejamos alguém, é porque o nosso **EU** está tentando nos dizer algo. Isso não tem nada a ver com praticar **atos de maldade** movidos pela inveja, por exemplo, espalhar fofocas ou tramar para prejudicar as pessoas. **NÃO! NÃO É ISSO**. Essas coisas são nocivas. Mas **analisar** a inveja e pensar mais sobre o que você **deseja** e sobre o que o seu colega invejado tem ou alcançou é um exercício de **autoconhecimento**. Pense nisso! Há uma diferença muito grande em **"querer tomar para si o que o outro tem"** e **"TAMBÉM querer ter"**. Tente pegar leve com você mesm@. Você é um **ser humano**. Tudo bem sentir inveja. Apenas fique atent@ e veja como você vai lidar com esse sentimento.

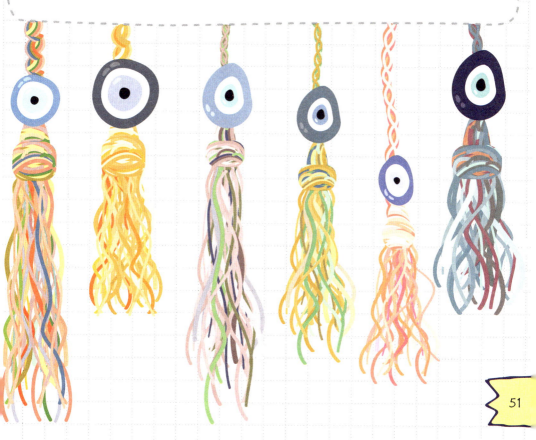

Orgulho

Sentimos orgulho de coisas que **fazemos**, de quem **somos** e também sentimos orgulho de **outras pessoas**. Pinte as coroas das páginas a seguir, depois recorte-as e decore-as como quiser!

Cole um palito de churrasco (pode ser também um palito de sorvete, um graveto ou o que você preferir) na lateral das coroas, como indicado na figura ao lado. Depois presenteie com elas as pessoas das quais você tem orgulho. Ao entregar as coroas, diga por que você sente orgulho dessas pessoas.

EU DEI AS COROAS PARA:

01: ....
Motivo: ....

02: ....
Motivo: ....

03: ....
Motivo: ....

Otimismo

 É quando a gente vê as coisas pelo **lado positivo**. É acreditar que tudo vai dar certo.

"Crie a melhor, a mais grandiosa visão possível para sua vida, porque você se torna aquilo que você acredita."
Oprah Winfrey

A mente governa o corpo, a capacidade de observar, o foco e o comprometimento. O otimista observa mais abertamente, tem mais foco e se compromete sem medo de fracassar.
Você concorda?

UMA VIDA QUE DEU CERTO!

Escreva de forma objetiva como você espera que seja sua vida até os seus 96 anos.

"Você PODE FAZER qualquer coisa que DECIDIR FAZER."

— Amelia Earhart

Preguiça

A preguiça geralmente acontece quando temos que fazer algo que não nos dá uma **gratificação imediata**. **Por exemplo**: imagine que você precisa acordar cedo para escrever um livro que será publicado daqui a dois anos. Agora imagine que você está de férias no maior parque de diversões do mundo e precisa acordar cedo para aproveitar o dia. Nem preciso perguntar qual desses cenários deixará você com preguiça de acordar cedo, não é mesmo?

A preguiça é como um **vírus** que tem o objetivo de fazer o sistema parar, ou seja, ela quer impedir que você realize seu trabalho, estude e se torne mais sábio. **Ela não quer que você realize seus sonhos.**

ACABE COM ELA!
Como? Com a força da **VONTADE**.
Vire esta página **AGORA!**

Vontade

Tudo **emana** da vontade. Ela é o **início de tudo**. Quem sabe aonde quer chegar tem meta. Apenas se sente realizado aquele que teve uma **meta** para seguir; afinal de contas, não há realização sem algo para se **realizar**.

Liste aqui todas as suas vontades, ou seja, tudo aquilo que você quer realizar. Ouse, pense grande, pense simples, pense complexo, deixe fluir. Não coloque nenhum conflito na sua lista. Se deseja voar, não pense na falta de asas, escreva que deseja voar! Simples e objetivo assim.

LEMBRE-SE: quem não tem vontade própria é guiado para realizar as vontades dos outros.

Resiliência

É uma palavra pouco comum que define um sentimento maravilhoso. Resiliência é basicamente a capacidade de nos **adaptarmos a mudanças**; de passarmos pelos obstáculos.

Exemplo: às vezes, ficamos tristes por termos que mudar de escola ou de trabalho, mas quando isso acontece, nós nos **adaptamos** aos novos colegas e **superamos** os obstáculos. Isso se aplica a muitas outras situações!

Qual foi o maior desafio que você já superou? Escreva aqui e conte isso a alguém que esteja passando por um momento difícil.

Saudade

Você sente saudade de alguém? Escreva uma **mensagem** para essa pessoa dentro do foguete e "LANCE-O AO UNIVERSO", desenhando estrelas e planetas no fundo.

Solidão

O que você faz quando se sente sozinh@? Eu adoro ler! **Livros são meus companheiros** quando me sinto só. Eu também adoro assistir a filmes e séries. Faça uma **lista** de livros, filmes e séries de que você gostou ou acha que vai gostar.

Compartilhe sua lista com alguns amigos e crie um clube de leitura ou de cinema, para compartilharem ideias sobre livros e/ou filmes. É bem simples! Faça um grupo no WhatsApp ou em alguma rede social para discutir as histórias que vocês leram e/ou os filmes a que assistiram.

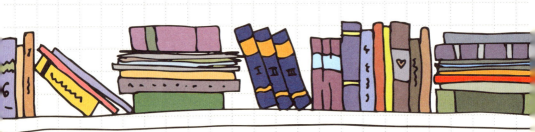

Objetivos em comum fortalecem vínculos de amizade. Procure se cercar de pessoas que tenham os mesmos interesses que você.

"Quem não sabe povoar sua SOLIDÃO, também não saberá ficar sozinho em meio a uma MULTIDÃO."

– Charles Baudelaire

Timidez

Você se acha uma pessoa **tímida**? Não tem nada de errado em ser tímid@ se você estiver confortável assim, mas deixar de se **manifestar** e de dizer o que pensa sobre as coisas por timidez não é **positivo**.

Você pode e deve existir! **SOLTE-SE**. Mas também **RELAXE**. =) Não se acaba com a timidez de uma hora para outra. Complete as frases abaixo.

Eu existo porque _____.

Minha opinião importa porque _____.

Pense nisso! **E EXISTA**.

Somos seres únicos e especiais. Fazemos parte do TODO, e o todo não é completo sem a gente, o todo não é todo sem a nossa parte.

PINTE A SUA PARTE.

Tolerância

Está aí uma coisa que é bacana de **cultivar**! Tolerância é a capacidade de **aceitar** uma pessoa (ou um grupo de pessoas) que tem atitudes ou características **diferentes** das suas ou de seu grupo. Acredite ou não, tem gente que não tolera diferenças. Tolerar é **respeitar**, é não ofender, é cultivar as **boas relações**, mesmo discordando ou tendo outros gostos e opiniões. Mas o que fazer quando alguém é intolerante com a gente? É muito ruim ser **vítima** de intolerância. Podemos nos **igualar** ao intolerante e aumentar o ciclo do ódio ou podemos **dialogar** com ele.

Por isso,
FALAR e **REFLETIR**
sobre a intolerância
É SEMPRE NECESSÁRIO!

Converse com a sua família ou com seus amigos sobre o tema.
Escreva aqui suas **reflexões**, o que você **pensa a respeito**.
Se preferir, faça uma colagem, um desenho ou escreva um poema.

Paciência

A paciência é um **superpoder**, um antídoto contra a **ansiedade**, além de revelar segredos. Como? Ela pode nos ajudar a **controlar** pensamentos, palavras e ações, e por meio dela podemos **deixar transparecer** o que existe no **nosso interior**. Parece confuso, (e nem sempre é fácil) mas é bem simples.

PACIÊNCIA!

Você se acha uma pessoa paciente?

( ) Sim
( ) Não
( ) Já estou impaciente com este assunto

Sente-se em uma posição confortável e espere **pacientemente** que 10 minutos se passem. Enquanto aguarda, feche os olhos e **analise** tudo o que passar pela sua cabeça. **Reflita sobre seus pensamentos** como se você estivesse se observando de fora.

DEPOIS ESCREVA AQUI O QUE ACHOU DA EXPERIÊNCIA.

Amizade

A amizade é o **tesouro** mais precioso que podemos ter. Não importa a quantidade de amigos, mas, sim, que eles sejam **verdadeiros** e **leais**. Nossos amigos nos ajudam nos momentos difíceis, celebram com a gente os dias alegres e tornam a **jornada** da nossa vida muito mais **agradável**.

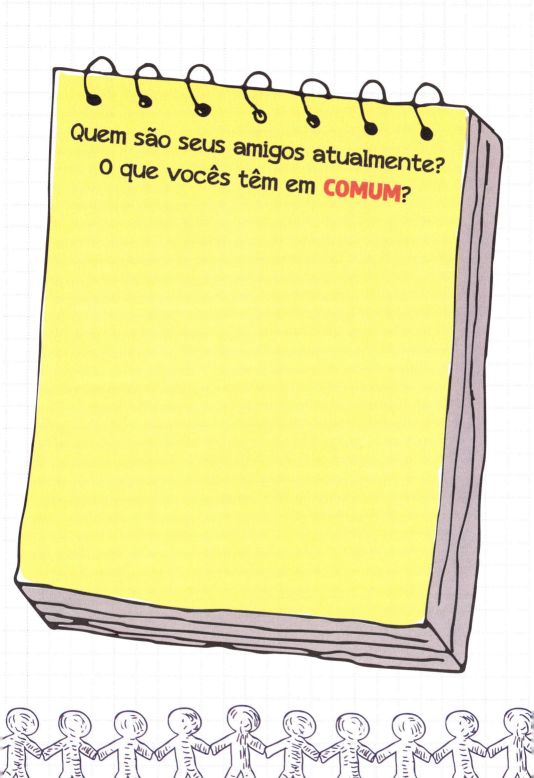

Escolha um dos seus **amigos** e peça para ele escrever uma **carta** falando **sobre você**, como se ele estivesse contando a seu respeito para alguém que não sabe quem você é.

Cole a carta aqui.

"Sem amigos, ninguém escolheria viver, mesmo que tivesse todos os outros bens."

- Aristóteles

Avareza

Querer tudo para si é a característica do **avarento**. Ele tem **apego** excessivo aos **bens materiais**, é mesquinho e vive na energia da escassez, mesmo **possuindo** muito. Pense a respeito da avareza, discuta com seus amigos e familiares sobre isso e promova uma campanha contra ela. Planeje e execute uma **ação de doação** para alguém ou alguma instituição que precise. Pode ser doação de sangue, alimentos, agasalhos, materiais escolares ou do que você quiser.

Depois de finalizar a campanha, escreva aqui como você se sentiu ao compartilhar e dar a oportunidade para que outras pessoas compartilhassem também.

Você sabe o que é **arte abstrata**?

A arte abstrata é um estilo de arte que tem como característica mais marcante a **REPRESENTAÇÃO DAS FORMAS DE MANEIRA NÃO REAL**.

Alguns dos maiores nomes desse estilo são:

MANABU MABE, LYGIA CLARK, ROBERT DELAUNAY, PIET MONDRIAN, PAUL KLEE, GERTRUDE GREENE e **WASSILY KANDINSKY**.

Pesquise sobre arte abstrata, inspire-se e manifeste-se!

Como você está se sentindo agora?
Pinte uma arte abstrata que **representa seu sentimento**.

Prosperidade

Prosperidade pode ser muito mais que uma **crença**: pode ser um **sentimento**. Sentir-se própser@ fará você acreditar na prosperidade, e isso aumentará sua **autoestima**, abrirá sua **percepção** para notar **oportunidades** de prosperar naquilo que deseja e fará você sentir alegria em **realizar seus sonhos**. Existem pessoas que sentem culpa por prosperar e não se acham **merecedoras** de terem seus sonhos realizados. Pense nisso, e se esse for o seu caso, comece a pensar na prosperidade como uma **bênção**, pois é isso que ela é.

ESCREVA ABAIXO SUA PLAYLIST!

Lado A

Você sabe o que é uma fita cassete? Pesquise sobre essa "tecnologia".

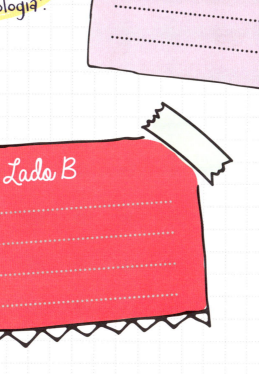

Lado B

Remorso

Ficamos com remorso quando percebemos que **cometemos um erro** ou nos **arrependemos** de algo. É um sentimento angustiante, desagradável, mas eu gostaria de convidar você para ver o remorso sob um ponto de vista **positivo**. Vamos lá?

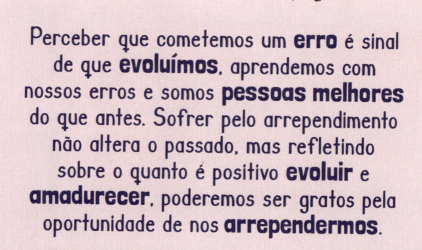

Perceber que cometemos um **erro** é sinal de que **evoluímos**, aprendemos com nossos erros e somos **pessoas melhores** do que antes. Sofrer pelo arrependimento não altera o passado, mas refletindo sobre o quanto é positivo **evoluir** e **amadurecer**, poderemos ser gratos pela oportunidade de nos **arrependermos**.

Você se arrepende de algo? O que aprendeu com isso?

Persistência

Persistir é **acreditar em si mesmo**. Somente com a persistência poderemos desenvolver **habilidades** e **vencer nossas limitações**. Ninguém nasce pronto! É a persistência que nos **aprimora**.

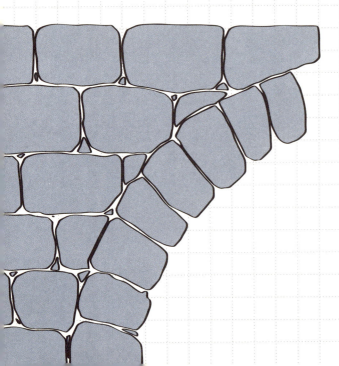

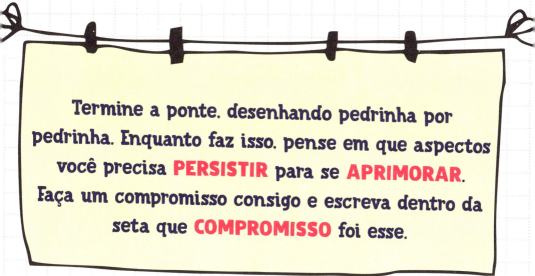

Termine a ponte, desenhando pedrinha por pedrinha. Enquanto faz isso, pense em que aspectos você precisa **PERSISTIR** para se **APRIMORAR**. Faça um compromisso consigo e escreva dentro da seta que **COMPROMISSO** foi esse.

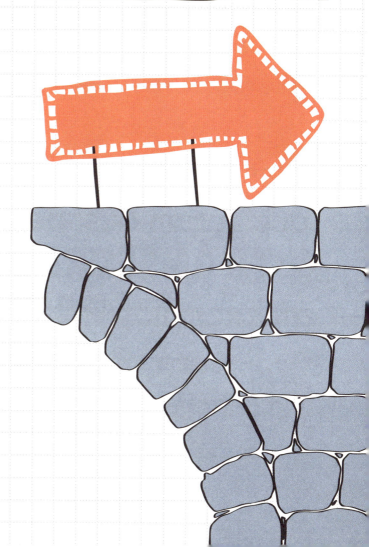

Ousadia

Seja ousad@! Ser ousado é ser **livre**. É **arriscar** sem medo de fracassar, é sorrir diante das desaprovações, é se **libertar** dos padrões. **Seja ousad**@ hoje, amanhã e sempre! A ousadia é uma amiga engraçada e divertida, e ela quer que você tenha **orgulho de ser quem você é**.

Pesquise sobre pessoas que foram ousadas e que se **TRANSFORMARAM** em exemplos **POSITIVOS** para os outros.

Cole fotos e escreva seus nomes aqui: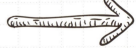

Criatividade

Criatividade: o superpoder que nos **impulsiona** para o infinito e além! A criatividade não é um dom que só alguns escolhidos possuem. De maneira nenhuma! **TODOS SOMOS CRIATIVOS**. Há inúmeras formas de **estimular**, despertar e **ampliar** a nossa criatividade.

DICAS PARA SER MAIS CRIATIVO

- Seja espontâne@! Não freie seus pensamentos. Quanto mais ideias tiver, mesmo que muitas pareçam bobas, mais chances você terá de pensar algo bom e novo.

- Leia, visite exposições, parques e museus, ouça músicas! Quanto mais "material" você tiver, mais elementos poderosos para criação você terá! Procure diversificar e se abrir para o novo.

- Silêncio. Acalme sua mente. Praticar o silêncio por 15 minutos diários pode dar um gás na sua criatividade. Sente-se, feche os olhos, marque 15 minutos no relógio e curta o silêncio, observando tudo que passa pela sua cabeça.

Escreva aqui três ideias que vierem à sua cabeça. Elas podem ser bobas, absurdas ou geniais. Não importa!

Negatividade

A negatividade é um **prato envenenado** que é comido por quem o preparou. Podemos ser **negativos** com a gente e também **com os outros**. Pessoas negativas gostam de ver outras pessoas se dando mal, têm **curiosidade mórbida** (pesquise sobre isso caso não saiba o que é) e não acreditam em seu potencial.

XÔ, NEGATIVIDADE!

Envenene este prato de comida com coisas ou frases negativas. Em seguida, pergunte-se: **alguém comeria isto?**

Justiça

Justiça é a **medida perfeita**. Não basta apenas saber o que ela significa, só podemos nos considerar justos quando a **praticamos**. Justiça é **respeito** e **igualdade**, é prezar pelo **bem-estar** de todos e ter um **olhar amplo**, é ver além de nós mesmos. É preciso olhar para dentro e para tudo ao nosso redor para sermos justos.

Procure se lembrar de algum momento em que você percebeu uma INJUSTIÇA. Pode ter sido com você ou com outra pessoa. Descreva esta cena, como foi e como teria sido caso fosse aplicada a justiça.

> O arqueiro que ultrapassa o alvo **FALHA** tanto como aquele que não o alcança.
>
> **MONTAIGNE**

Ressignificação

Ressignificar é dar **novo significado** a **acontecimentos passados**. Você já deve ter ouvido a seguinte frase: **SE A VIDA LHE DER LIMÕES, FAÇA UMA LIMONADA**. Ressignificar é exatamente isso.

Exemplo: imagine que você vai passar o fim de semana em uma casa de praia, com piscina, à beira-mar. Você leva seu protetor solar, sua prancha e até boias, mas assim que você chega lá, começa a chover. Em vez de ficar triste, você ressignifica o seu fim de semana, fazendo uma tarde de jogos de tabuleiro ou on-line, cozinhando com seus amigos ou lendo. Você volta com histórias divertidas para contar e boas lembranças, mesmo que não tenha ido à praia ou à piscina.

Dê novos significados a objetos. Recicle algo. Faça uma arte com tampinhas de refrigerante, transforme caixas de papelão em carrinhos ou forre com tecidos bonitos para virar um "porta-treco"... Enfim, recicle algo enquanto pensa sobre ressignificação!

Há algo no seu passado que você pode RESSIGNIFICAR?

Comprometimento

Comprometer-se é arcar com u[m] **combinado** feito com **alguém** ou com uma **causa**. E esse alguém pode ser você mesm@.

Onde não há comprometimento, não há crescimento.

Plante uma flor ou **uma árvore**, e se **comprometa a cuidar dela**. Perceba que leva um tempo até ela crescer e se tornar grande, forte e bonita. Pode ser que você falhe na primeira tentativa, ou na segunda, não tem problema! O importante é estar comprometid@ em **alcançar seu objetivo** de cultivar. O que você vai plantar?

Poste uma foto do **"antes e depois"** aqui. Se preferir, desenhe.

AINDA SOBRE COMPROMETIMENTO...

Comprometa-se com você! Escreva na página ao lado um **objetivo** que você quer alcançar (aprender a tocar flauta, por exemplo). Comprometa-se com isso, **trace um plano**. Lembre-se da árvore ou flor da página anterior: tudo leva **tempo** e **persistência**. Você pode juntar as duas ações! Cuide da sua planta enquanto cumpre o plano para alcançar o objetivo proposto nesta ação! **O que você acha?**

Qual é o seu OBJETIVO?

O que é paz para você? Faça uma **colagem** ou desenho representando a **sua paz**.

O bem-estar é um sentimento de satisfação e segurança com o nosso corpo, a nossa saúde e a nossa mente.

DICAS PARA ALCANÇAR O BEM-ESTAR
(marque nas réguas abaixo o grau de cuidado que você tem com o seu bem-estar.)

- **Cuide do seu corpo. Exercite-se e alongue-se.**

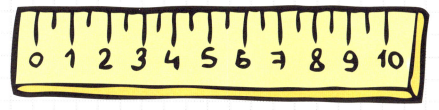

- **Beba água! (consulte o seu médico para saber a quantidade ideal para você)**

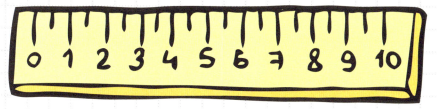

○ **Acalme sua mente! Diariamente, pratique o silêncio ou a meditação por pelo menos 10 minutos.**

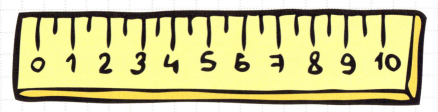

○ **Lazer! Você tem feito atividades prazerosas? Dançar, pintar, jogar bola, viajar...**

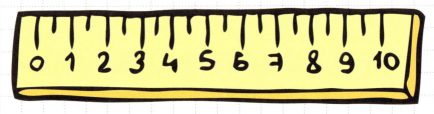

○ **Como está sua relação com os colegas e amigos?**

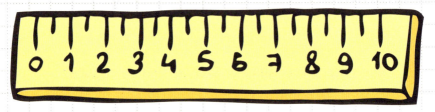

Cuide-se sempre! Tenha uma relação de amor e cuidado consigo.

Decepção

A decepção é uma frustração com algo que não aconteceu ou com alguém que não agiu de acordo com as nossas **EXPECTATIVAS**. A decepção faz parte da nossa vida: nem sempre as coisas e as pessoas agirão como a gente espera.

TUDO BEM FICAR TRISTE! Aos poucos, aprendemos a **LIDAR COM ESSE SENTIMENTO**, ajustamos nossa mente e seguimos em frente.

Escreva aqui uma carta para você mesm@. Uma carta para você ler quando estiver decepcionad@ com algo ou alguém.
Seja carinhos@ e motive-se sempre.

Faça uma cópia da sua carta e guarde-a em uma gaveta. Leia-a quando precisar.

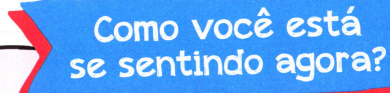

Responda por meio das perguntas a seguir.

Se você fosse um sabor, que sabor seria?

Se você fosse um lugar, que lugar seria?

Se você fosse um animal, que animal seria?

Se você fosse uma música ou um ritmo, qual seria?

ESCREVA UMA CARTA PARA O SEU EU DO FUTURO.

Sabedoria

Um conto Zen

Dois jovens monges se aproximaram do mestre, que apreciava em silêncio o Sol que se espreguiçava no vale e se preparava para mais um dia.

Ao vê-los, o mestre apenas sorriu sem mudar de posição. O monge mais velho cumprimentou o mestre com gentileza e indagou:

— Mestre, estamos discutindo e não chegamos a nenhuma conclusão sobre a diferença entre conhecimento e sabedoria. Para ele, não existe diferença. Para mim, sim. Porém, não consigo expressar em palavras o que sinto e convencê-lo dessas diferenças.

O mestre sorriu mais uma vez e, olhando para o horizonte, apontou para a montanha mais alta e disse:
– Para saberem a diferença, coloquem um punhado de grãos de feijão em seus sapatos e subam até o alto daquela montanha, depois conversaremos.
Ambos saíram e seguiram as orientações do mestre, não sem antes passarem em seus aposentos e se prepararem para a subida. No fim da tarde, os dois retornaram e encontraram o mestre esperando-os pacientemente.

O mais jovem reclamou das dores que sentia, porque os grãos haviam criado bolhas e deixado seus pés inchados. O outro monge parecia não sentir nada, e seus pés estavam perfeitos, sem nenhuma bolha.
O mestre olhou para o monge mais jovem, que havia se sentado para aliviar a dor, e disse:
– Percebeu a diferença entre conhecimento e sabedoria? Seu amigo colocou os mesmos grãos de feijão nos sapatos, porém, tomou o cuidado de cozinhá-los antes.

Quem é a pessoa mais sábia que você conhece? Por quê?

Propósito

Talvez chegue um dia na sua vida em que você olhe para tudo o que viveu e tenha a impressão de que viveu a vida de outra pessoa. Esse sentimento é recorrente na vida daqueles que **NÃO** tiveram um **propósito**.

Mas o que é propósito?

Propósito é o desejo de querer fazer algo que você considera importante, que tenha um **significado** para você e que seja parte de algo maior, ou seja, que **beneficie** outras pessoas.

Encontrar este propósito só depende de você. **Investigue seu coração.** ♥

PARA AUXILIAR NESSA BUSCA, RESPONDA ÀS PERGUNTAS.

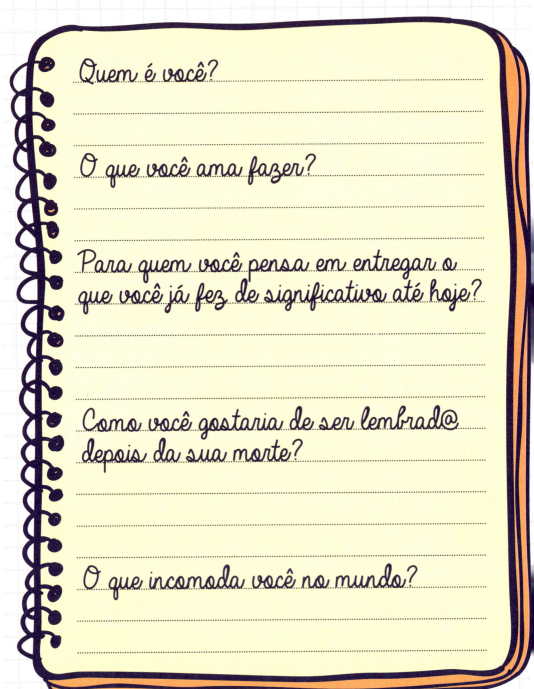

Quem é você?

O que você ama fazer?

Para quem você pensa em entregar o que você já fez de significativo até hoje?

Como você gostaria de ser lembrad@ depois da sua morte?

O que incomoda você no mundo?

FORMAS DE VIAJAR NO ESPAÇO-TEMPO

Somos **viajantes estelares**, multidimensionais, ou seja, nossa jornada abrange várias dimensões.
Infelizmente, **por pura falta de atenção**, muitos de nós só conseguem perceber uma única **dimensão** dessa incrível aventura. Respire fundo para sentir duas dimensões!
Enquanto você lê este texto, o relógio não parou, o **tempo** avança todo milésimo de segundo para o **futuro**. Essa **dimensão qualquer um consegue sentir e enxergar.**
Contudo, há outra dimensão que nem todos conhecem, é a **dimensão do ser**. É a dimensão em que você verdadeiramente se encontra. Ou em algum momento você chegou a pensar que esse punhado de carne que envelhece e de cabelo que cai é o seu **EU de verdade?** Não, sábi@ mochileir@ dimensional, você está apenas pilotando um corpo. Nessa segunda dimensão, onde o seu **eu** de verdade se encontra, existe uma espécie de "biblioteca", onde é armazenado tudo o que você aprendeu e sentiu. O seu novo tênis, seu celular e seu cabelo cheiroso não pertencem a essa dimensão, mas todos os seus **sentimentos** e **aprendizados**, sim! Você já conheceu pessoas bem jovens que são sábias e que, quando conversam com você, ou quando você as vê na internet, por exemplo, fica admirad@ com o **conhecimento** delas? Essas pessoas conhecem muito bem essa **segunda dimensão**. Conhecem e se movimentam nela.

Por outro lado, você deve conhecer pessoas mais velhas, **adultas**, que parecem não ter aprendido quase nada com a vida. São rancorosas, espalham ódio, intolerância e detestam ser contrariadas. Essas pessoas não conhecem essa dimensão e, embora estejam lá, estão dormindo, absolutamente imóveis em suas posições, enquanto as outras pessoas, as "despertas" (podemos chamá-las assim), estão viajando por lugares espantosamente **MARAVILHOSOS!**

São pessoas que, aqui na "primeira dimensão", conseguem chorar vendo um quadro ou uma **obra de arte**, por exemplo, pois estão lá na outra dimensão acessando e vislumbrando uma porção de coisas que os dorminhocos não enxergam e que, comumente, ainda dizem: "Não sei o que essa pessoa está vendo nesse quadro! Por mim, a arte nem deveria existir. É inútil." Para você que já despertou nesta "segunda dimensão", ou está despertando, eu ofereço um coquetel de boas-vindas e garanto: a viagem será **inesquecível!** Procure enriquecê-la sempre. E cuidado para não cochilar! É que a velocidade na "segunda dimensão" é muito rápida, e, um cochilo pode fazer você perder quintilhões de coisas.

> Alimente-se de beleza e sabedoria. Emocione-se, crie coisas que emocionem as pessoas, seja um agente transformador. **Sinta!**

Sete anos depois...

Hora de dizer até logo.
Você chegou ao final desta jornada. Agora, **sele este livro**! Coloque-o em um envelope ou embrulhe-o com papel, escreva de forma legível a data em que ele deverá ser **revisitado, daqui a 7 anos**. Somente depois desse tempo responda às perguntas das próximas páginas.

SETE ANOS DEPOIS...

Reveja todas as ações realizadas no passado e responda logo a seguir.

1. Como você está se sentindo?

2. Quem é você?

3. O que @ deixa feliz?

4. O que @ deixa triste?

5. Quais são as coisas das quais você mais gosta em você mesm@?

6. O que você ama fazer?

7. Quais são seus planos para os próximos 7 anos?

8. As pessoas da página 97 ainda são "musas" e "musos" inspiradores?

9. Para quem você daria hoje as três coroas do orgulho? Por quê?

10. Você tem viajado na dimensão do ser? Releia as páginas 123 e 124.

SETE ANOS DEPOIS...

Escreva aqui uma carta para seu **EU** do passado, em resposta à carta da página 117.